AF216317

Roland Reitmair

niederbügeln & entfalten

niederbügeln & enfalten

Roland Reitmair

schreiberlink

Impressum

Texte:	© Copyright by Roland Reitmair
Umschlag:	© Copyright by Roland Reitmair
	www.schreiberlink.at
	Sankt Pankraz Nr. 6
	A-4572 St. Pankraz
	buecher.reitmair@gmail.com
Herstellung und Verlag:	© 2017 BoD – Books on Demand, Norderstedt.
ISBN:	9783744820325

re-duce

abgehobene Federfuchser
Sprachexperimentierer

werden sich im Grab umdrehen
Purzelbäume schlagen

nur zu

es braucht wieder Aussagen
nicht vage, zerstörte Versuche
wo der Leser mehr erdenkt
als
der Dichter

daran verschwendet'

INHALTSANGABE

Herr der Arbeit

Mit Vollgas fährt das Arbeitsheer
hin zum Stau am Kreisverkehr
der schluckt es und er spuckt es aus
einmal zur Arbeit, dann nach Haus

am Lenkrad jeweils ein Schatten der flucht
der hupend seinen Ausweg sucht
der krebszerfressen langsam krepiert
von Sinnentleerung infiziert

und morgen?
sie heben die Steine, polierte Platten
und heben die Deckel, verziertes Holz
und sie fühlen sich verkauft und fühlen sich
verraten
als Menschen verletzt in ihrem Stolz

und sie fahren im Kreis und schreiten einher
leblose Puppen im Arbeitsheer
und wie ihre Augen bleiben die Gräber leer
tote Rekruten im Arbeiterheer

langsam rückt ein Arbeiterheer
belanglos in den Kreisverkehr

wie Schatten, grau und Schritt für Schritt
macht Frau und Mann den Umzug mit
den Leichenzug zum Fetzenball
vom Arbeitskräftepotential

denn was da geht, vergeht, krepiert
- von Sinnentleerung fasziniert.

Verzweiflung

tickt wie eine Uhr
und ist wie eine Lähmung
Verzweiflung fragt: wie kam das nur?
Verzweiflung ist Entwöhnung

Verzweiflung
ist ein Untergang

und braucht Zeit sich zu bedenken
Verzweiflung zwingt den Neuanfang
Verzweiflung kann auch lenken

Verzweiflung
fördert keine Tugend
sie erfleht Notwendigkeit

Verzweiflung packt die schwache Jugend

Verzweiflung ist *Gelegenheit*

Aber-geh-Denken

Ganze Völker wurden hingestreckt
„Starkes überlebt -
Schwaches verreckt"

Auf dem Schlachtfeld wuchs
nach Jahren endlich Gras
bedeckte die Toten
bedeckte den Hass

Die Menschheit lebt
so wird der Krieg nicht sterben

Eines Tages wurde
das Mahnmal geschliffen
Ich wollte verstehen
Ich hab's nicht begriffen

Sie löschten die Kerzen
nicht den Schmerz in den Herzen

Da konnten Führer wieder auferstehen:
Rüstet Armeen! Rüstet Armeen!

Ganze Völker werden hingestreckt
Das Starke betont, das Schwache versteckt

Abzüge

ein kurzer Zug
doch ist's genug
ein Zug
der die Realität begrub

der Joint als Freund

Probleme werden nichtig
werden anders
falsch
und richtig

lass sie fragen
lass sie klagen
lass sie sagen

nimm es nicht
weil man zerbricht
sich die Nadeln
durch die Seele sticht

doch:
Akzeptanz und Frieden
schützendes Dämmerlicht
das darf man nicht?

aufhören zu leben…

ich will euch vergeben

Und Gott vergebe mir
ich mag weder Wein noch Bier

Gewährt mir nur einen Augenblick
und ich denk mich fort
ein ganzes Stück

Äxte

Begehre nicht den Nächsten,
suche bei dir selbst.
Lauf nicht Amok gegen die Schwächsten,
wenn du dich selbst verstellst.

Nacktes Fleisch mit allen Reizen
Körper rein und weich
Und war sie auch erst 13
Die Nacht ideenreich

Entschuldbar noch vielleicht (?)

Biederbürger ohne Liebe
Gehen fremde Betten schauen
Kinderporno Stripteasetriebe
Fernglasbestückt am Gartenzaun

Allabendliche Unwahrheit
Und morgendliche Lügen
Träume von der Machbarkeit
Die Sünde zu besiegen

Äxte.

Spaltet nicht gleich Nächste...

b

wieder bin ich fremder
bin maiwind im dezember
deine arme hielten mich geborgen
der augenblick ist schon verstorben

vergangen...verflogen
die laue nacht hat mich belogen

honigsüße lüge
kurzer moment ewiger liebe

gemächlich steigt der tag über die hügel

die nacht wird löchrig und zerfließt

gestern wird erinnerung

begeistern

Die Huren haben sich bei den Damen
beschwert:
Da setzt wer sein Leben auf ein totes Pferd
Doch die lachen und sagen: Der Esel ist dumm
Aber der trägt sein Kreuz und bleibt dabei
stumm

Und sie sagen: Der Bauer ist die Gerte nicht
wert
Denn kein Freier-Mann setzt auf ein totes Pferd

Die Idioten haben sich bei den Kavalieren
beschwert
Solche Damen sind die Geschenke nicht wert
Doch diese bezahlen und werden beschenkt
Und wer nicht bezahlt wird einfach bedrängt

Und sie sagen:
An Liebe glauben doch bloß Idioten
Nur wer zahlt, dem wird geboten

Die Kinder haben sich bei den Eltern beschwert
Solche Vorbilder sind das Leben nicht wert

Sie erhalten, was sie verdienen
und verschenken

nur Bedenken ??

Morgen

Bin seit Äonen im Halbschlaf, in der Nacht und
am Tag
und ich wunder mich, ob ich zu denken vermag.
Und das Gestern ist heute plötzlich wieder real
und die Träume erstehen, doch schmecken sie
schal.
Und Stunden vergehen, wie Routine sie treibt
und außer dem Ticken ist da nichts was mir
bleibt

Bin am Abend verzweifelt, weil der Morgen
nicht kommt
und am Morgen weil schlaflos der Kopf mir
dann summt
Und ich suche im Licht, obwohl ich ganz genau
weiß
ich hab nichts dort verloren, viel zu hoch ist der
Preis
für vergebene Stunden und vergebliche Müh'
und ich denke zum Sterben ist es auch noch zu
früh.

Wir lachen in Unschuld und lächeln darüber
und langsam ziehen die Jahre vorüber.
Und hinter dem Lachen bohrt die quälende
Frage:
Was mein Freund bringt das Morgen zu Tage?

Mensch von tAdel

Ich bin ein Mensch von Tadel
Ich stehle was ich brauch
Bin ich zu fett stehl' ich ein Radl
und trainiere weg den Bauch

Das blaue Blut in meinen Adern
einem alten Lord hab ich's geklaut
Jetzt muss ich mit dem Schicksal hadern
weil mir vorm alten Adel graut

Ich entführte mir die Tochter
des Ministers aus Russland
Doch mein Freund der Bock, der
hat sie vom Freudenhaus gekannt

Dann nahm ich mir die Sonne
die trag ich jetzt im Herzen
Doch ich schreie nicht vor Wonne
in den Kammern brennen Schmerzen

Den Mond holte ich vom Sternenhimmel
und Castro stahl ich die Zigarre
dem Türken stahl ich seinen Kümmel

Zuletzt: dem Tod die Leichenstarre.

Ja ich bin ein Mensch von tAdel
ich stehle was ich brauch

Einst stahl ich den Turm zu Babel
davor: Adams Zumpf und Evas Nabel.

Rauhnacht

Nicht schnelle Gedanken, präzise und logisch
durchdacht
Verstrickungen entwirrt und auf den Punkt
gebracht
Sind mein Anliegen. Nein.

Auch nicht schwere, hundertfach geknotete
Romane
Entsprechen meines Geistes Plane.
Ich will genügsam sein.

Kurz, doch nicht bündig.
Reif, doch nicht mündig.

Ist nicht das Krächzen der Raben zur
Winterszeit
ein schönes Lied dann, wenn es schneit?

Der Wind

(für *Ken Saro-Wiwa*)

Das Land ist zerstört von fremden Konzernen
Gott hat vergessen auf den Teil der Welt
Und was in den Schulen die Kinder dort lernen?
Die Sprache der Zahlen und Hymnen aufs Geld

Ken Saro du sagst, man muss Geschichte
erzählen,
um bei der Wahrheit zu bleiben ist jeder Preis
recht
Nichts kann Menschen grausamer quälen,
als machtlos zu sein und unfreier Knecht

Doch Anwälte klagen und zitieren Paragraphen
und Richter sind denen in Freundschaft
verbunden
Als Handlanger der Konzerne, als deren
Sklaven
haben sie keine Wahrheit, doch eine Lösung
gefunden:

Eine schwarze Mütze, ein Baum und ein Strick
so schaukelt Ken Saro friedvoll im Wind.
für ihn war Freiheit das höchste Glück
doch geblendet vom Geld ist Justitia blind

Dichter und Denker

Worte vergehen sich in passiver Unschuld
an dem Denken dieser Zeit
Die Sprache soll doch feige flüchten

Kindliche Gedanken verharren mit Geduld
Sie warten zu dem Schlag bereit
die Dekadenz zu richten

In den Straßen pulsiert das Leben
doch krankt der Organismus
Am Herzen
nagt unendliche Trauer

Leicht durchschaubar hohles Streben
Schwer atmet Idealismus
Schmerzen jagen kalte Schauer
ihm auf den Rücken

Fromme Kinder halten ihn am Leben
entzücken Liebe schüren Hoffnung
Malen fröhlich Regenbögen
Und lassen helle Freude leuchten

Die Erde soll jetzt friedlich beben

Ein Licht durchdringt die Öffnung
Lasst den Himmel heimlich beichten

Aber eure Kinder lernen eure Sprache

Die Alte

Ich fragte: Du Alte, was steht in deinen Karten?
Sie sagte: Schlechte Zeiten brechen an,
doch bessere warten.

Dann erzählte sie von meinen Kindern,
las es aus meiner Hand
und warnte mich vor Rattenfängern
hier in unserem Land.

Ihre klaren Augen blickten fröhlich,
nur einmal kurz ganz ängstlich,
als die Katze um ihre Füße strich
„Was wirst du machen ohne mich"

Sie rauchte eine Pfeife
und zeigte mir die Sterne.

Zwar bin ich dann meistens traurig,
doch ich erinnere mich gerne:
an den Wagen mit den bunten Bändern
den kleinen Tisch mit den Kerzenständern…

„Hexe", nannten sie die Leute, „diebische
Zigeunerin",
„kinderentführende Herumstreunerin...
Gott schütze uns vor ihrem teuflischen Tand…"

Dann haben sie die Alte am Dorfplatz
verbrannt.

Sie hat es gewusst, gelesen aus den Karten,
doch sie wusste auch von Henkern,
die auf die Mörder warten.

Drogenkrieg

Oft kann ich meine eigenen Worte nicht mehr
verstehen,
doch im Rausch sehe ich ihren Sinn wieder
auferstehen.

Die Kreaturen haben mir nichts voraus,
nicht Zeit, nicht Raum, - vielleicht ein Haus?
Doch was kümmere ich mich um andrer Leute
Häuser?
Ich verlache sie und bin doch nicht weiser.

Ich lache, denn ich sehe Gottes edle Kunst,
so klar im blauen Dunst.

Ein Leben zählt nichts in dieser Enge,
trunkenen Auges zähle ich die
Menschenmenge...
„Eins." – für eine Menge reicht es noch,
dann fall' ich in ein schwarzes Loch.

Verlier die Dimensionen.
Hitze beginnt mich zu versengen.
Eine Druckwelle will mir meine Lunge
sprengen.

Plötzlich ein Blitz. Ein Sog, der
Gedankensplitter frisst,
Gott oh Gott, wie gut das doch ist.

Geschoße explodieren, stechen wie Dornen ins
Hirn,
Blut rinnt mir von der bleichen Stirn.

Es ist ein Kampf, eine Schlacht, ein Krieg
und nimmt mir am Schluss,
die Kraft für den Sieg.

Goldener Schuss.

Ein Sommernachtstraum

Die laue Nacht sprach Wärme

Brandung rollt

beruhigt den Strand

glättet die Burgen der Kinder

Der helle Schein am Horizont
kündet von der Sonne
Absicht
dem Meer zu entsteigen

Mit dem Dunkel zerfließen
die Träume
Erneut erwacht ein Getrampel

das

tausend winzige Krater
auf seinem Weg ins Meer
zurücklassend
schmierige, ölige Seelen
in die Wellen trägt

Die nächste Nacht sprach
Liebe

Die dritte dann sprach
Tod

fall-out

Ein Krieg brach aus…

Du kleine Maus -
Verstecke
Dich
unter der Decke!

Draußen wird die Welt bewegt

aufgeregte Stimmen
verstummen.

Motoren brummen, Geschütze schnauben
Sirenen rauben
Uns den Schlaf.

-zähl die Schaf', zähl die Schaf'…
sagt der Stoffbär an ihrer Seite,

ich sah aus dem Fenster
und sah, dass es schneite.

Glücksstern

Eine Dunkelheit zur Mittagszeit
Wirft Schatten auf die Einsamkeit

Der Tag vergeht, nun sei bereit
Die Dunkelheit
gibt dir Geleit

Sie steht dir bei
steht, lacht und wacht
und steckt dich in den Schacht der Nacht

Nun,
was tun?

Verträume in der dunklen Kammer
Verdenke zwischen feuchten Wänden
Vergehe wie dein dumpfer Kummer
Ver-bete mit den kalten Händen

Der Morgen taumelt
Der Körper baumelt
Der Tag beginnt
Die Zeit verrinnt

Erinnerung zur Mittagszeit

beschert oft tiefe Dunkelheit

Heimat

ist nur ein Wort
Doch Heimat
ist vor allem dort
wo sich der Horizont verkleinert

In der fernen Stadt erscheint
der kleine Ort der Geburt
so weit fort

Mancher hat vor Einsamkeit
so manche Träne schon geweint
hat gemeint: Entfernung eint

Der Weg zurück nach Haus scheint
plötzlich nicht so weit

Man ahnt mit der Zeit,
hier lebt so was wie Ewigkeit

In der Heimat
- nur ein Wort?

Doch Heimat
ist vor allem dort
wo sich der Horizont verkleinert

Die gleichen Leute denken gleich
Die weichen Wiesen bleiben weich
Die alten Menschen wurden bleich

heimleuchten

Die grüne Insel in der schwarzen Nacht

Hatte sie es nicht viel friedlicher,
als das gleißende Licht?

Die tosende Brandung übertönte
ein tausendfaches Summen von Insekten,
die aufgeregt und seltsam verstört
Kurs auf die geheimnisvolle Sonne nahmen.

Viel zu langsam kam der Tag

Plötzlich bogen da im Wind sich Bäume,
Kronen beugten sich zu Boden

Straßen vom Sturm leergefegt,
zerwühlt das weite Meer

Und die kleinen Leichen,
bläulich schwarze Insektenkörper
unter der Laterne
am Eck der Taverne

fegte der Sturm
in die zornigen Fluten
um ihnen wie Seemännern
die letzte Ruhe zu geben

Den Bösen und den Guten

heiße Zeiten

Ihr geht mit der Mode
liegt immer im Trend
Und wenn dabei
die Welt verbrennt

Ihr hab keine Zeit
und ich keine Uhr

Ich komm' mir
ziemlich zeitlos vor

Herbstlaub

In der Sonne die Gipfel vor Ehrfurcht erstarrt
Zu Fuße die Menschheit von Schatten genarrt

Licht durchstrahlt den ruhigen Wald
weiches Moos dämpft meinen Schritt
Nebel ziehen
herbstlich kalt
Nebel ziehen mich träge mit

Rotwild auf der Lichtung drüben
Häher warnen
ich bin zu nah
ich seh Rehe scheu die Köpfe heben
ich seh nicht lange und ich sah

Tau hängt in den Spinnennetzen
am Boden raschelt buntes Laub
Stille
könnte jeder Laut verletzen
Stille ruht
sie ist nicht taub

Und Berge bewegen sich unmerklich und leicht

Vergessen,
dass ihr Atmen dem Erdbeben gleicht.

Himmel, Arsch und Zwirn

Ich halt ein Mädchen fest im Arm,
Angstschweiß auf der Stirn,
noch wärmt mir kein Gedanke das zweifelnd-
kühle Hirn.
Durch Küsse sollte Frieden reifen, ein Mittel
gegen Einsamkeit.

Ich höre Vögel auf die Freiheit pfeifen, sie
flogen schon zu weit.

Sie begrenzen sich im blauen Himmel,
weiter werden sie nie fliegen.

Schmutziger Krieg am blutigen Schimmel,
wir zogen es vor zu siegen.

Doch Sieg und Leid, was ist es wert?

Nichts, - sind wir zu zweit und haben nur
gehört,
von Freiheit, Unendlichkeit und dem kurzen
Augenblick.

Ich weiß, du bist mir voraus ein Stück...
Bist du verfolgt vom Glück?
Bist ein „Kriegsgewinnler"?
Oder ein verrückter Heiratsschwindler?

Extremisten reiten Rappen und essen feine
Kaviarhappen,
sie stürzen Bürger, stürzen Staaten, tragen
Anarchisten-Kappen.
Sie lieben dunkle, ruhige Frauen, die sich keine
Schlösser bauen.
Sie sprengen Masten in den Auen und Mauern,
welche Flüsse stauen.

Mein Gott, - war voll Scham, Angstschweiß auf
der Stirn,
als plötzlich der Gedanke kam, zu Blut und
Kampf und Zwirn.

Televisionen

Ich sah Kinder beten, Kinder flehen
ich sah sie schlafend aus dem Leben gehen.

Sah Kinder leiden, Kinder darben
sah Kinder hungern, bis sie starben

Sah Spendennummern durch den Äther
flimmern
und sah diffuse Hoffnung schimmern...

Jetzt seh ich dümmlich fette Fratzen
Seh sie fressen, bis sie platzen.

Wer die Wahl hat, hat die Qual,
hat eine oder keine Seele

und vierzig Fernsehkanäle.

wieweit

im Wald stehen 50 starke Bäume,
ums Ghetto 50 hohe Zäune.

50 Wolken, die am Himmel ziehen...
100 mal ein Ohr geliehen.

100 böse Menschen vernichten alle Liebe,
zerstören edle Menschen durch 100 böse Hiebe.

Sie kommt in das Zimmer, in dem ich friedlich
schlafe
und wirft mich einfach aus dem Bett.
Sagt, ich sei die Sünde, sie die Strafe...
Sie war hässlich, sie war fett.

Es hat mich seltsam berührt…
Unsanft spürte ich die Schläge,
war im tiefsten Schlaf gestört.
Unergründlich... Gottes Wege.

50 mal knapp entflohen.
50 mal die Flucht ergriffen.
50 mal dem Leben drohen.
50 mal aus tiefsten Tiefen.

100 dumme Menschen
vernichten alle Freundlichkeit
und das 100 mal zu tolerieren
geht einfach zu weit

zu weit.

I Kant survive

Choräle in den Katakomben, weihrauchschwere
Lieder
Christen, sagt man, wären erstanden und
lamentierten wieder

„Fragen nach dem Sinn des Lebens, wozu sei
das gut?
In Wahrheit gibt nur wahrer Glaube
Vertrauen und auch Mut!"

Bauer im Spiel, du hast es satt:

Tod fällt dir ein
Tod, das kann die Lösung sein

und legst dich in ein Massengrab

Du liegst und schaust, Gebet zum Herrn -
als ob wir alle Christen wären:

Am Kreuz da nagte der Zahn der Zeit…
Und Maria macht die Beine breit…
Gekaufte Erlösung, Ablasshandelsläden…
Es wird Zeit für eure Grabesreden!

Fragen nach dem Sinn des Lebens, wozu sei das
gut?

In Wahrheit gibt *nur* diese Frage
Freiheit und den Mut zur Wut.

Immun.Schwäche

Ober dem Ort wird der Bach verbaut,
und weiter unten aufgestaut...

Jetzt rinnt ganz friedlich der wilde Bach.

...und über dem Sportplatz wölbt sich jetzt ein
Dach.

Der Sumpf ist trocken;
Ich bin erschrocken
Malaria, Typhus, Pocken

Alle seid ihr bezwungen und geheilt.

In Liebe, Walhall.

Zu naiv für diese Welt
Vielleicht

Sie hat mich zu spät geboren
Bestimmt

Der Wind hatte dem See Wellen aufgezwungen.
Wellen, die mich friedlich schaukelten.
Damals

Dann kam der Winter.

kraftlos flehe ich um Gnade
doch kalter Stahl durchdringt das Herz

heißes Blut kühlt sich im Schnee

und der letzte Rest von Leben
zeichnet Spuren auf das Eis

Ein Wolf heult einsam in die Nacht.

fahles Mondlicht
webt den Wald aus Silber

Die frische Saat erfriert im Boden

ist

es nur ein Sonnenuntergang,
oder jener der Zeit?

Der guten Frau wird ziemlich bang,
die kurze Lust gerade eben,
und jetzt Mutter lebenslang?!

Ist's nur ein Sonnenuntergang,
oder jener der Welt?

Wirf das Kind in die Tonne dann,
für das ich gerade eben
noch Wiegenlieder sang.

Ist's nur ein Sonnenuntergang,
oder der des Wohlstands?

Eine Kugel, die die Brust durchdrang,
eines Vaters, der grade eben
noch Kriegslieder sang.

Ist's nur ein Sonnenuntergang,
oder der der Kultur?

Die Rede ist nur Gimpelfang,
die herrisch grade eben,
so nach Heldenepos klang.

Die Zeit ist abgelaufen

Welt, Wohlstand und Kultur
sind dabei unterzugehen,

Du wirst sehen,
sie raufen mit der Sonnenuhr

Jäger und Gejagte

Wie ein Hirsch bist du verendet
Der Jäger auf der Pirsch hat das Blatt gewendet
Du wolltest flüchten, die Kugel war schneller
Dem Morgen graute, doch jetzt ist es heller.

Viel zu früh vom Tod ereilt
Viel zu kurz im Paradies verweilt
Die Kugel und das Leben verschwendet
Gottes Schöpfung ist vollendet.

Nebel ziehen durch den Wald
Langsam wird dem Denker kalt

Die letzten Gedanken sammeln

Die letzten Tränen weinen

Die letzten Wünsche stammeln

Die letzte Liebe verkümmert
Die letzte Hoffnung schimmert

Zu spät, der Tod war schneller
Zu spät, jetzt ist es heller.

Liebe

Kann man nicht erzwingen
auch wenn Nachtigallen singen

Liebe bleibt
ein ewig Kämpfen ewig Ringen

Manche springen über Klingen
wenn sie in Träumen
sich verfingen

Ich war
eifersüchtig
wie ein kleines Kind
verbittert
wie ein greiser Mann

war
wie Durchschnittsmenschen sind

war prüde
wie die alte Jungfrau
war
geiles Tier und eitler Pfau

Liebe fand ich nicht.

Darum frag ich DICH
Was bleibt jetzt noch für mich?

Malibu

In uns schreit etwas ängstlich
Schreit alles geht schief –
Sind Träume nur beruhigst du dich
Schlafe weiter tief

Da ist eine Leere
Da ist niemand
Du bist allein

Licht verblasst
in deiner Seele
und dein Herz
erstarrt zu Stein

Es ist kalt
Doch für dich ist es heiß

Langsam wirst du kreideweiß

Wirst bleich und alt

Gestern hat man dich verschenkt
Heute wurdest du gehängt

Mars

Der junge Gott am Marmorsockel kotzt auf das
gebeugte Haupt.
Er hasst die Welt und flucht, sie habe ihn der
Ehr beraubt.

Ein alter Ritter schwärmt vom Vaterland, von
Treue und von Orden,
er vergiftet dem jungen Gott den Geist, er ist zu
spät gestorben.
Sie trugen ihn zu Grabe und meißelten in seinen
Stein:
Durch heldenhafte Siege von aller Sünde rein.

Der Gott schändete das Grab, dann sprach er ein
Gebet,
sodass des Ritters Leichnam zwar, niemals
jedoch sein Geist vergeht.
Er flüchtet ängstlich in dunkle Klöster, steckt
den Kopf in den Sand,
er schreit nach einem Seelentröster, schreit nach
der starken Hand.

In dieser Zeit entstand der Plan Großes zu
vollbringen,
- macht die Welt euch untertan und lernt sie zu
bezwingen.

Jetzt wird die Erde geschändet und vermessen,
gepfählt und umzäunt
Der Wildbach wird beruhigt, dass er nicht mehr
tost und schäumt.
Der Wald wird gequält und die Dummheit wird
gezähmt,
den Träumen wird nachgestellt und der
Verstand gelähmt.

In dieser Wüsten-Dürre bittet ein armer Tischler
um ein bisschen Regen,
der Himmel schickt ihm einen Blitz und dieser
Blitz war Segen.

Der Gott stand kurz im Funkenregen, dann
musste er abtreten,
ich denk' um Großes zu bewegen, muss man
richtig beten...

Der Gott stürzt vom Sockel und ertrinkt in
seinem Blut,

doch leider ist er viel zu mächtig, als dass er
friedlich ruht.

nächtens

Wir zählen Sandkörner in Momenten der
Vergänglichkeit.
Und ärgern uns über vertane Zeit.

Wir grübeln und denken und tragen die Bürde
Doch die Sehnsucht tragen wir nicht mit Würde

Denn wer nicht in seinen Träumen wohnt,
vergisst allzu leicht den Mond.

Ihn,
der über alles wacht,
wenn die lichte Schwester schläft.

Ihn,
der heimlich strahlt und lacht
und singt,
wenn er Heilige zum Straucheln bringt.

Ihn,
der versilbert, weil manch schwarzer Mann
ergraut,
wenn er plötzlich durch das Dunkel schaut.

Ihn,
der kommt und geht

Und ganz allein
Im Mondlicht steht.

Mondieux

Abends schau ich auf zu einem Stern
Der Mond lächelt mir zu
All die Sterne sind so fern
Noch weiter weg als du

Um mich die Welt ist aus Kristall
Wunderwelt aus Schnee und Eis
Viel zu müde lass mich fallen
Kranke Stirn, bist viel zu heiß

Sag mir wie ich die Leere fülle
Die du hinterlassen hast
Wer wird meine Sehnsucht stillen
Die Welt ist feindlich ist verhasst

Das letzte harte Abschiedswort
Du und ich und nicht bei Sinnen
Ein Lachen außen Tränen innen
Jetzt bist du weit und lange fort

Es hat dich eine Stadt verschluckt
Und gibt dich nicht mehr frei
Mein Leben jetzt es gleicht
Dem Frühling ohne Mai

Und so wache ich die ganze Nacht
Zu sehen ob der Mond
Freundlich oder hämisch lacht.

Nahender Osten

Zerfahrene Zeiten schreiben zerfahrene
Gedichte
Blutige Männer schreiben blutig Geschichte
Im Einklang der Welt nur Macht und Geld
Stöhnender Friede nach der Schlacht am Feld
Ein Panzer steht schwer auf einer Kinderhand
Die Burg daneben gebaut nur auf Sand
Gerechtigkeitsglaube ach was ist er wert
Glück und Unglück entscheiden Feuer und
Schwert
Und Reichtum heißt Leben sowie Armut heißt
Tod
Gibt es noch Christen oder ist die Welt aus dem
Lot

Schreien statt verzeihen und leiden statt Glück
Geh nicht zurück es bringt dich weiter kein
Stück
Zuviel Umkehr kehrt um ich vermute es macht
dumm
Zuviel reden bringt Ungunst so bleibe ich
stumm

Prediger erzählen vom Ewigen Leben
Sie wollen mich nur zu Kreuz kriechen sehen
Sie stehen am Feld neben der Kinderhand

Und fahren mit dem Panzer ins gelobte Land
Sie spielen Posaune, die Mauern stürzen ein
In Jericho bleibt auf dem anderen kein Stein
Sie marschieren und jonglieren und besetzen
das Land
Die Burg baut auf Blut baut auf lockeren Sand

Jeanne d'Arc schwingt die Keule und Judas das
Schwert
Verflucht Moder und Fäule, der Glaube wär's
wert
Säubert die Stadt schlagt die Heiden tot
Vernichtet im Handstreich Elend und Not

Ein Engel frohlockt hebt die Hand zum Gruß
Kreuzritterheere folgen ihm auf den Fuß

Judas mordet den König der König ist tot
Sein Schwert und die Welt reflektieren blutrot

Und er legt sich hin um verbittert zu sterben
Um endlich nun ein Mensch zu werden

entseelt

Das Herz erst bedrängt sieht nur das Kloster als
Ausweg
Schickt ein unsicheres Lächeln über den
Laufsteg
Und lässt sich bewundern und lässt sich
bestaunen
„Das Lächeln ist echt" hört man das Publikum
raunen

Aber das Lächeln verstolpert, plötzlich zieht es
Grimassen
Und es weiß noch nicht wie, doch es will den
Laufsteg verlassen
Da hört es die Pfiffe, abschätzige Reden
„verschwinde, verzieh dich, wir haben nichts
dagegen"

Da verkrampft sich das Herz, das wollte es
nicht
Dass ein Lächeln versiegt und der Laufsteg
zerbricht
Und es beginnt um sich zu schlagen und Leute
verletzen
Und will die sonnige Wiesen mit Schatten
besetzen

Es ummantelt die Güte durch Mauern aus Stein
Und das fröhliche Lächeln wird hohl und
gemein
Und das Kloster am Berg wird unbezwingbare
Burg
Und tröstende Worte sind kilometerweit fort

Distanzen vergehen und Schluchten entstehen
Die Augen aber tränen, können nicht mehr klar
sehen
So stolpern Grimassen den Laufsteg entlang
Wieder ein Sieg den Pyrrhus errang...

schlaflos

endlich ist der Weg
das Ziel
bedrohlich düster grau
das Leben ist kein dummes Spiel
das Mädchen wurde Frau

Zu Ende hab ich's nie gedacht
verließ mich auf mein Glück
Jetzt lieg ich wach die ganze Nacht

und wünsch mir dich zurück

Ich spür Blicke aus dem Dunkel
auf meine Seele starren
und erinnere mich der Tage
da wir fröhlich waren

Der Zeiger wandert
Das Uhrwerk tickt
Gleich ist es Mitternacht

Es ist die Zeit, die mich erstickt

Doch täuscht der leiseste Verdacht

schwerelos

jeder Morgen kalt erschauernd
jeder Abend tot und leer
jeder Mittag leise lauernd
jeder Tag aufs Neue schwer

immer müde in die Arbeit
und gereizt von dort zurück
immer wieder quält die Trägheit
vertröstet uns auf kurzes Glück

Dämmerung bringt erst der Urlaub…
Nach vielen dunklen Stunden
stellt Morgenrot sich da zur Schau
und hat das Licht erfunden

Erinnerung

es sind viel zu kurze Tage
auf die wir täglich warten
Erinnerung liegt in der Lade
wie alte Ansichtskarten

Spiegelbilder

Ich werde langsam grausam alt

Vieles um mich verliert Gestalt

Jeder tüncht die Wände weiß

Zu viel Blut und zu viel Schweiß
Zu viel Wut im alten Greis.

Einst brachen Träume dieses Eis

Doch jetzt?

Wer hat die Flamme ausgelöscht?

Plötzlich ist da alles schwarz
beißender Rauch vom Fackelharz
blendet mir die Augen

Mein Schatz

ich bin dir unbekannt

Ich trag ein schmutziges Gewand
und hab den Bogen überspannt

Doch wär ich Marc Aurel im neuen Rom
Was zählte das schon...?

Das Schreien der Gänse – unerhört

So bleibt dem
der sich empört
der Tod
weil er vor fremdem Tore kehrt

Du sagst: Dumm ist der der Dummes tut

Doch: Stumm ist der Mensch in seiner Not

Da kräht kein Hahn
und bricht kein Damm

durch die Flut der Tränen

Du schlägst die Welt mit Goethes Faust
während Föhnwind um die Berge braust

Und dort oben hör ich Dichter singen,
Ihre Lieder talwärts klingen.
Dort oben hör ich Jünger fragen:
Muss ich oh Herr das Leid ertragen?

Doch Gott sagt:

Trag mit Stolz
dein Kreuz aus Holz

Die Welt im glitzernden Gewand
hat sich verrannt
mein Sohn verschwand unerkannt

Darum prost ich euch zu mit meinem Becher,
zum Wohl und Abschied,
stiller Zecher!

Langsam werde ich grausam alt
Denke kühler, fühle kalt

Stoßgebet

Schenk mir ein bisschen Sturm und Drang
Ich will frei sein und will leben
Lass mich vor dem Untergang
Mein Glück aus Träumen weben

Schenk mir ein bisschen Widerstand
Ich möchte frei entscheiden
Zeig mir die Mitte und den Rand
Ich will hoffen und erleiden

Schenk mir ein bisschen deiner Zeit
Wer frei ist muss auch denken
Und lass mich nicht in Einsamkeit
Nur Neid und Hass verschenken

aus-zeit

Wenn aufrechte Menschen sich plötzlich
beugen
und Ölteppiche vom Fortschritt zeugen

Wenn leeres Lachen von den Lippen bricht
und Augen ihren Glanz verlieren
wenn die Sonne durchs Ozonloch sticht
und ruhige Wiesen im Lärm vibrieren

Dann mein Freund ist Zeit

für

das letzte Glas Wein
den letzten Bissen Brot
den letzten Sonnenschein
und das letzte Abendrot

Zeit,
für einen letzten Kuss auf deine Lippen

Zeit, um Vergebung zu bitten

Werft

Ich mag es neben Dir einzuschlafen
Und mag es mit Dir aufzuwachen
Doch irgendein Schiff verließ den Hafen
Und irgendwas ist dann zerbrochen

Ich mag Deine Zehen, Deine Ohren
Und vor allem die Gespräche
Doch irgendein Traum ging da verloren
Und irgendwas ging da in Brüche

„ich wollte dich niemals verletzen"

- ein Requiem zu meinen Ehren -
doch seh' ich scharfe Klingen blitzen
und brauche Raum, um mich zu wehren

Die sanften Träume sind entschlafen
unruhig wälz ich mich herum
greife ängstlich zu den Waffen

fürchte mich und bleibe stumm

fahr mit einem Schiff davon.

sie ist

Grasend still weiße Schafe
beruhigend warmes Sonnenlicht
herbstlich müde fast im Schlafe
wirkt die Welt – sie ist es nicht.

Der dunkle Schatten auf der Weide
kalt und grau am Boden kriecht
gewebt aus trauerschwarzer Seide
wirkt die Welt – sie ist es nicht.

Zarter Nachhall einer Stimme
hell fröhlich lachend ein Gesicht
vergänglich wie die eignen Sinne
wirkt die Welt – sie ist es nicht.

we are the 99

Finanzhai, Banker, Bankrotteure
Verzeihung bitte, wenn ich störe
Nur euer Banken-Rettungsschirm
will so gar nicht in mein Hirn:
Mit Steuergeld wird repariert
wird Zeit, dass endlich wer marschiert

fällig wird
der Kredit:
occupy wall street

Ihr „ein Prozent" – betet und rennt
die Börse brennt
Gerechtigkeit jetzt!
Jetzt wird besetzt
Zu Ende und am Anfang
das gleiche Lied:
Occupy wall street! Occupy wall street!

(the only solution is world revolution)

Eu, G8 und Banken-deal
Verzeihung, wenn ich mitreden will
Doch eure Bürger-Politik
wird zum Taschendiebe-Trick
Ihr bereichert euch ganz ungeniert
wird Zeit, dass endlich wer marschiert.

und „ninetynine"
marschieren mit:
occupy wall street!

Ihr „ein Prozent" – betet und rennt
die Börse brennt
Gerechtigkeit jetzt!
Jetzt wird besetzt
Zu Ende und am Anfang
das gleiche Lied:
Occupy wall street! Occupy wall street!

(the only solution is world revolution)

Staatsdienst, Steuer, Sparpaket
Verzeihung, wenn das so nicht geht:
Ich trag brav bei aus Bürgerpflicht
Die Reichen zahlen die Abgaben nicht
Ihr nehmt's in Kauf, Geschäft floriert
wird Zeit, dass endlich wer marschiert.

„working poor"
kommt alle mit:
occupy wall street!

Ihr „ein Prozent" – betet und rennt
die Börse brennt
Gerechtigkeit jetzt!
Jetzt wird besetzt
Zu Ende und am Anfang
das gleiche Lied:
Occupy wall street! Occupy wall street!

(the only solution is world revolution)

Kritiker

Sie machen alle Fehler

formulieren schwulstig
oder zu radikal
manchem fehlt die Leichtigkeit
Und: Verse sind banal

sie haben recht

doch träumen sie schlecht
selten nur gut
sie träumen wie sie denken
und saugen unser Blut

Wie viel Zeit ist vergangen?

ein Augenblick, eine Ewigkeit?
ein halbes Menschenleben?
ich hab die Zeit vergessen
die Tage nicht gezählt

Wie unwichtig dieses Leben war
das Opfer nur unendlich groß
doch
neues Leben schenkt sich
so ist es Plan und Los.

Und es hat mich aufgeweckt
zuerst nur nachts,
dann auch aus Apathie
brachte mir Farbe zurück
meine bunte Phantasie

2 Sekunden nachgedacht
und du lernst wieder denken
du lachst der Welt das Fäustchen voll
beginnst dich zu verschenken

Erstmals Liebe aus voller Brust.

Es ist so wie ein Quantensprung
– du erlebst ein höheres Niveau

du springst herum - nicht weil du musst
nur:
ganz einfach so

leblos

es heißt Hippiesein, Vagantentum
und ist eine Idee von Leben
oder eine Folge davon
es ist ein Anfang, ein Beginn
Ruhe und Gelassenheit
eine Frage von
innerem Frieden
trotz Wissen um Vergänglichkeit
ein
Gymnasiastentraum von Gewaltlosigkeit
Und wirklicher Geborgenheit
gewaltlos
machtlos
endlos

Kind

nur gut
dass wir am Leben sind

dann kommen Dinge, die muss man tun
aus gehorsamer
Dankbarkeit
oder einer Folge davon
zum eignen Wohl und dem der Kinder

Karriere und auch Sicherheit
eine Frage von
Erbe und Tradition
von Glaube und von Ewigkeit
der
Elterntraum für Tochter und Sohn
harter Arbeit rechter Lohn
haltlos
lieblos
endlos

blind

schön
dass wir am Leben sind

es heißt Politik oder Religion
und ist schlicht
Kompetenzmissbrauch
oder eine Folge davon
es ist zum Wohle aller
Endlösung und Sieg
Befehle der
wahr-Scheinlichkeit
Schall und Rauch und Krieg

beleben
einen Kreislauf von Abhängigkeit
der die Menschlichkeit entzweit
kraftlos
kopflos
leblos

werden

zu schwach
einfach zu sterben

Logiker

denken die Gemüter schwer

und Mathematik
wird gesellschaftliche Statik

Wo ist das Schöne?
Wo bleibt das Leichte?
Versteckt von Religionen
verteufelt zur Beichte

Und Menschen erfinden
Sünden und Strafen

selbst vom Rotlicht verblendet
winkt Erlösung den Pfaffen

und Weise sezieren
und Reine negieren

daher denken Logiker
die Dinge lägen einfach

Doch die schönste Logie
vergisst auf Fantasie
Und die reinste Religion
ist unbefleckt
vom Gottessohn

kein menschliches Maß
nur logischer Hass

Zweifel

zweifelreiches Dämmerlicht
Verzweiflung reift
noch immer nicht

Körper
dämmerst mir
verkörperst und verlängerst hier

Leiden
entdeckt
doch schal

durch Licht
erschreckt
direkt banal

wirkt mein Streben

verbirgt Hohles
Alltagsleben

Farbenspiel

Ich geh durch Sturm und Regen
ich fühle es tut gut
der Regen kühlt die Stirn
der Sturm dämpft meine Wut

Blätter fallen von den Bäumen
und sie säumen meinen Weg
hinunter zu dem kleinen Bach
hinüber zu dem alten Steg.

Ich lehn mich ans Geländer
seh das Wasser aufgeregt
es übersteigt bereits die Ränder
und die Brücke, die mich trägt

alle hundert Jahre
schluckt die Flut
den schmalen Steg

und

färbt sich

rot
von meinem Blut

Denk mal

Ich und du und die ganze Welt

wie eine weiße Wolke
segelt dein Traumschloss über tiefes Blau
fast wie ein Licht, das die Sinne benebelt
und widerspiegelt
erhaben im Tau

Kunstverdächtige kommen
erwarten gläserne Türme
goldene Erker
sind von der Anmut wahrlich benommen
sind beinah' zufrieden
doch die Missgunst ist stärker

und sie reden geschraubt und fürchterlich klug
das sei Kunst
davon hast Du genug

So hebst du den Becher
er wird aus Silber nicht sein
du hältst keine Rede
du verschluckst dich am Wein

Sie wollten dich hören
hingen an deinen Lippen

und haben erwartet
doch du hebst den Becher
und sie hören dich schwören
ich meine Freunde
bin anders geartet

Und du trinkst.

so werden sie dich jagen
weil du flüchtest
weil du die Mäzene
nicht blendest
ihnen keinen Beifall spendest

und dann kann jeder erahnen
wohin du dich wendest

Seit deiner Kindheit hat es da gestanden
seit der Kindheit hat es da geruht
du bist dagegen angerannt
hast mit eigenen Händen
und verzweifeltem Mut
das Traumschloss zerstört
dein Leben verplant

jetzt schaust du auf ein Trümmerfeld

beginnst zu weinen
drehst dich weg
und drehst dich um

die vertraute Welt
lässt keine Hoffnung keimen
für deinen letzten Traum

du willst es nicht glauben
gehst herum
schleppst einen Teil vom Uhrturm davon
du findest die Glocke
und Erinnerungsstücke

der Wetterhahn ist verbeult
Beschläge sind verbogen
Wehmut füllt deine Augen
mit Tränen
du sehnst dich bloß
an eine Schulter zu lehnen

doch wer heult und verweilt
wird verständnislos
herumgeschoben

du lädst dir schwere Trümmer auf

und rennst
suchst wuterfüllt das Weite
doch längst
wurde deine Flucht zum Amoklauf
gegen dich selbst
du nimmst es in kauf
die erste Zeit
spürst nicht die Last
doch schon bald wirst du müde
weißt
dass du verloren hast

und mehr als einmal kehrst du zurück
schleppst die letzten Fragmente deiner Träume
weiter – Stück für Stück

fühlst dich kraftlos
alleine
möchtest endlich verweilen
nur ein Gedanke lässt dich weitergehen:
nicht mehr zu gefallen
solange Mäzene schauen und sehen

du rastest unten bei der kleinen Brücke
im Wasser grinst dein Spiegelbild
zornig

wirfst du die Bruchstücke hinein
und siehst
dein Gesicht entstellt

und bevor die Wogen sich glätten
kehrst du um die Welt zu retten

der alte Mann im nächsten Ort
schenkt dir reinen Wein ein
er lehrt dich verzeihen
dann kommt der Morgen
du eilst wieder fort

du springst in den Mühlteich
liegst verträumt in Sommerwiesen
und denkst endlich nach
wie ist alles
damals
wirklich gewesen??

verfärbte Blätter
verspielt im Wind
der Herbst kommt
durch bunte Wälder

über goldene Felder
und
rüttelt erneut am Fundament

des Winters klirrende Kälte
hat mit bizarren Kristallen
verschneite Hügel
beseelt und beschönt
mit Säulen aus Eis
und glitzerndem Gewand
die runden Steine
im Bach gekrönt

Bevor du dir's versiehst
ist es Frühling
und du bist
entledigt von Kummer
und gehst

zurück

inmitten deiner Trümmer
steht einer
mit theatralischer Gestik

Mäzene lauschen mit offenem Mund

seiner Theorie
göttlicher Geometrie
die
irgendwie
Ruinen eigen sei

Indifferenz
im leidenden Hirn
hilft dann
die Leere kaschieren

doch plötzlich strahlend
aus dem tiefsten Grau
ein Licht
das die Sinne benebelt
und widerspiegelt
erhaben im Tau

Ich und du und die ganze Welt

Herr Lehrer

ich versteh
doch nicht dein ABC

Inhalt hast du nie gelehrt
Routine heißt das Übel
und deiner Bildung höchster Wert
heißt kleinlich und penibel

Du Leerer

denkst du hast verstanden
und Regeln für die Welt gefunden

du
der du glaubst, du wüsstest so viel
du
der du glaubst du durchschautest das Spiel
du
in der kleinen Welt deiner selbst
in der du die andern für unmündig hältst

bist nicht bereit
Verantwortung zu tragen
tust dir leid
und hörst dich gern klagen

buchstabierst Adel mit T
und vergisst dann zu lachen
und niemals kann je
wer was tadellos machen

für dich

Du Lehrer

die Zeilen hier
widme ich dir
nur du kannst wissen warum
du bist kein Lehrer
du bist ein Leerer
und verkaufst deine Schüler für dumm

Such(t)bilder

Ich brauche die Menschen

Die Menschen sind krank
Ich brauche
und
meine Nerven liegen blank

Ich sehe die Frauen

Die Frauen sind schön
Ich sehe
und
ich werde gesehen

Ich denke die Kinder

Die Kinder sind arm
Ich brenne
und
mir wird dabei warm

Ich fühle den Himmel

Der Himmel ist kalt
ich verfluche
die Hölle
in dieser Gestalt

Strafvollzug

Der Abendhimmel rot wie Wein
ach Gott, lass auch ihn genießbar sein
nicht kalt und logisch, wie abstrakte Moral
Es gibt kein Paradies
ohne Sündenfall

Im Silberhauch liegt jetzt das Tal
der Tag verblutet am Horizont
die Nacht erweckt den Sündenfall
in dem Moment
da „heilig-sein" die Liebe erkennt

Und Saubermänner, Lichtgestalten
zelebrieren Sehnsucht wie die Alten

Wenn der Mantel der Nacht
Heilige zu Sündern macht
klingt jedes der 10 Gebote
wie ein Nachruf
 – für Tote.

tequila sunrise

wieder einmal ohne Tränen
viel zu müde für den Schmerz
bleibt statt Liebe nur zu sehnen
Schließmuskeltechnik für das Herz

Und du klopfst an fremde Türen
fragst um Hoffnung für die Nacht
willst den Gott mit Schnaps verführen
doch die Tür bleibt zugemacht

wieder einmal ohne Tränen
belächelst du ihr dummes Spiel
um endlich doch noch zu erwähnen:
„es bedeutet mir nicht viel"

Und du gehst die fremden Wege
willst den Gott im Wein berühren
dein enttäuschtes Herz wird träge
nur wer spielt soll Lust verspüren

wieder einmal ohne Tränen
verlierst dich lieblos in der Nacht
und du hörst das Disco-Dröhnen
wo man spielt und wo man lacht

Und du stehst da ganz alleine
demaskiert um zu verlieren
nur das Hirn ersehnt das Reine
so verschließen sich die Türen

      wieder einmal
ohne Tränen
      wieder einmal
trinkst du Wein

      wieder einmal
nicht mit denen
schenkst du dir

noch einmal
      ein

Vermächtnis

lieg nicht parat
ist dir grad fad
lieg nur
wenn ich mag

lieg zu Füßen
um zu küssen
nicht
um zu müssen

keine Tränen
meine Liebste!

Um zu versöhnen?

öffne dich -
gleich meinen Venen

ein traum, ein leben

Montag Morgen
und ich fühle mich leer
vor mir Pflichten und Bürden
vor mir Gräben und Hürden

überspringen scheint möglich
doch fiele es schwer

Menschen mit zu viel Elan
rennen aufgeregt umher
vor mir schon die ganze Zeit
vor mir macht sich Hektik breit

mittun scheint möglich
 – allein: wofür?

Und dann
kommen diese Richtlinien daher
vor mir wie ein Labyrinth
vor mir noch nicht ausgedient

ein ewiger Regelkreisverkehr
Ja, ich bange einmal mehr:
– Montag –
vor mir nur Beschäftigung
vor mir nur Ersatzhandlung

was, wenn der Traum
zu Ende wär'?

Diener 2er Herren

Jetzt haben sie mich
zum Beamten gemacht
Ich bin funktionell im System
Ich lag wach in der Nacht und habe gedacht
dass sie langsam die Wahrheit verdrehen

Denn oben die Herren haben es gern
lenken und zu befehlen
Und sie fahren ihr Auto mit einem Stern
und ich denke öfter ans Stehlen

Jetzt haben sie mich
zu ihrem Diener erdacht
Ich serviere dem Staat
Und das Volk onaniert und hat Männchen
gemacht
es ist eine technische Saat

Denn jene die leiden, die andere beneiden
haben die Freiheit vertan
Sie müssen sich mit Schulden bescheiden
Und einem Leben nach Plan

Und jetzt?!

- jetzt haben sie mich
verantwortlich gemacht
und mir meine Pflichten erklärt
Erzählten mir mit Geduld und bedacht
welche Hand mich nährt.

Jemand

ließ mich hier sitzen mit dem Rücken zur Wand
ich starre in ein Kerzenlicht
manchmal bin ich König im Niemandsland
manchmal nur Maske, kein Gesicht

Jemand ließ mich hier sitzen, mit dem Kopf
voller Sorgen
vor mir steht ein leeres Glas
bin manchmal beunruhigt, denk ich an Morgen
und manchmal bin ich voller Hass

Jemand ließ mich hier sitzen mit all meinem
Wissen
Der Mond scheint fahl durch die dunkle Nacht
oft bin ich müde
manchmal wach und gerissen
Und ich habe dem Tod Kundschaft gebracht

traumlos

wo ich bin ist finstere Nacht
wo ich bin wird nicht gelacht
wo ich bin
dirigiert ganz sacht
der Wahnsinn den Verdacht

wo ich war ist es jetzt grau
wo ich war ist Staub statt Tau
wo ich war
weiß man genau
der Himmel der ist schwarz statt blau

wohin ich gehe da ist Leere
wohin ich ginge und dann wäre
überquere
ich
den Styx per Fähre

Zur Ruhe bet(t)en

Es fließen die Pflichten
versenken Ideen
die Dämme zu dichten
um das Ufer zu sehen

Das Hirn ist so voll
und der Kopf wie gelähmt
denn er fliegt überschall
weil er Ruhe ersehnt

Und der Körper dröhnt
wie nach einem Gelage
er fürchtet und stöhnt
vor Angst zu versagen

Da beginnt deine Seele
leise zu beten
und öffnet Kanäle
die Flüsse zu betten

Götterdämmerung

am Fluss der Gedanken
ist das Leben versunken.

getauft
mit Wasser vom Jordan
verführt
das Schicksal zu fordern:

in die Wüste gehen
dem Bösen widerstehen
und zu guter Letzt
am Kreuze sterben
für frohlockende Erben

– gebrochen von irdischer Macht
Einzug halten im Reiche der Nacht…

Ist das der Fels auf den man baut?

Verstaubten Lehren wird vertraut:
Geweihte Priester dürfen nicht und nicht lieben
Versteinerte Jünger verkühlen ihr Leben

Ist das der Götterfunke?

Eure Kirche ist doch längst versunken,

wie die freien Gedanken
im Jordan ertrunken!

Menschen

süß wie Zuckerwatte

weißes Hemd und Bankkrawatte
salutieren wie die Zinnsoldaten
kaufen Aktien
kaufen Handgranaten

Menschen

singen Stammtischlieder
fröhlich, ängstlich, manchmal bieder
sind aufrecht wie ein Kirchenturm
läuten mit den Glocken sturm

Menschen

zittern wie Laubbaumblätter
vor Todesangst im Herbstwindwetter

Kinder

draußen in den Auen
zerfetzt
der Tod das Grauen

nervöse Finger

tasten und schreiben
wollen die Wahrheit noch entkleiden
schreiben vom Tod und der Waffengattung
und nennen es Berichterstattung

nervöse Finger
drehen und wenden
Wahlergebnisse in Händen
der Leser folgt
banaler Plan
Berichterstattung heißt es dann

nervöse Finger
durchzittern die Blätter
schöngeistig geschrieben
steht höchstens vom Wetter
Journalisten zerstören
wie die goldene Horde
ihre Sprache bekämpft
durch
lyrische Morde

doch steckt die Mordlust mitten im Reim
schleicht oft ungewollt sich Prosa ein...

dann läuft das Spiel

erst recht
verkehrt

Gedanken verlieren
den Rahmen
wachsen wie Krebs
hetzen zu Ende
begrenzen
sich nicht
verdienen
und
verdienen
es nicht

und ihr Denken wird logisch
furchterregend und klein

zurück
- zur Ästethik
zurück
- nur zum Schein

Er

präsentiert das Gewehr
als Soldat beim Heer

und er ist Löschzugsvoyeur
bei der Feuerwehr

Er ist Rettungssanitäter
oder Volksvertreter
ist
Jäger, Förster und Gendarm
reich begütert oder arm

Er steht vor dem eignen Haus und grillt
grölt, wenn seine Mannschaft spielt.
Steht nach der Wahl und diskutiert
und sieht die Welt so wie sie wird

Er ist überall
die Norm

oft zivil
doch beinah schon
uniform

Sch(w)einheilig

Bist ein Mann den man bestaunt
Du bist zufrieden gut gelaunt
und nennst jeden: Guter Freund
Du
sagst zwar wenig, doch sprichst sehr viel
denkst Du bist Richter in dem Spiel
definierst Moral und Recht
denkst Du bist ein toller Hecht
hast stets die anderen in der Hand

bist ein kalter Fisch
und ziemlich am Sand

Drillst deine Kinder
wie Soldaten beim Heer
Du willst, dass sie sind
wie ihr guter Vater
doch Du bringst ihre Mutter
vor Kummer zum Heulen
sagst ihr: man muss nur
glücklich sein wollen
kein Gefühl, kein Verstand

bist ein kalter Fisch
und ziemlich am Sand

Und unzufrieden schlecht gelaunt
Bist Du dann echt
ein Mann – über den man staunt

Deine Kinder werden krank vor Angst
erdrückt vom Ideal
das Du verlangst
Du
mein Freund aber reagierst
dann, wenn Du die Geduld verlierst,
mit verbaler Gewalt
drohst mit deinem Rechtsanwalt
und deine Freunde die Doktoren
können deine Klagen hören
hören dich Menschen Tiere nennen
und schwören:
Das Schwein lernt mich kennen!

Du räumst auf, machst reinen Tisch
bist
ziemlich am Sand
ein kalter Fisch

würdelos

verletzend
in Wahrheit:
volksverhetzend

eint
definierter Feind
allein
im Innersten nicht sicher sein.

glaube
missbrauchte Taube

höre
missbrauchte Göre

das ewig' Lied der Krieger
würdigt nur
Sieger

Ikone der Schöpfung

Gott zu dem wir dich erheben
Lass uns leben

Was des Kaisers ist, ist ihm zu geben
Lass uns leben.

Die Luft erstrahlt durch atomaren Staub
„Wer war das?", fragen wir, „mit Verlaub?"
Wir fragen interessiert, doch leise,
„wer?" fragen wir, „wer war so weise?"

Getier im Garten vor dem Haus?
Na wart', wir schicken Söldner aus
vernichten mit Chemikalien, Scheißmitteln,
Werken von genialen Weißkitteln.

Im Spiegel mit uns selbst konfrontiert,
erschrecken wir, sind ganz pikiert.
Das sind doch nicht wir...
Das seid doch IHR ?!

Fernsehen, Star und Stern
Suggerieren uns gar so gern
Schillernde Gedanken
Weil unsere eigenen
im Konsumrausch ertranken

Spieglein, Spiegel in der Hand,
wer ist der Reichste im ganzen Land?
Und wer ist morgen die nächste Puppe,
zuerst ein Stern, doch bald schon Schnuppe?

Gott zu dem wir dich erheben
Lass uns leben.
Was des Kaisers ist, ist ihm zu geben
Lass uns leben.

Vater(s)land

Der Kaiser
steht und lässt sich kleiden
teure Stoffe seiner schmalen Gestalt
für die Kerle da draußen
wäre er gerne bescheiden
er schaut in den Spiegel
und fühlt sich alt

der versammelte Adel, hoffärtige Herren
wollen Reformen um den Reichtum zu mehren
senile Väter setzen keinen Fuß mehr vors
Schloss
degenerierte Söhne sitzen jetzt hoch zu Ross
er kennt sie von früher
als sie sich balgten und rannten
bis steife Erzieher sie
der Herkunft mahnten
Jetzt sah und war
ein jeder seinem Vorfahr
so ähnlich, als wäre die Zeit
beliebig austauschbar

und der Kaiser
gesteht sich lächelnd ein
Geschichte scheint
eine Wiederholung zu sein

Doch im Spiegel lächelt ein
vergrämtes Gesicht
ein alter Mann, dem
der letzte Tag anbricht
und unterm Strich
bleiben nur Vermerke
für geschichtsträchtige Werke
sein Name
als Teil von Chronologien
für Plätze, Gassen oder Akademien

der Kaiser beginnt
sich zu kämmen
die Schulter schmerzt

Noch lebt der engste Berater
sein Feldherr – wie ein Bruder und Vater
ihm zu vertrauen hat sich immer gelohnt
der einzige, der ihm treu zur Seite stand
ruhig und besonnen

Waisenkind
und mitgenommen
gebracht
als Spielgefährte gedacht

für den Hofadel stets nur fremdes Blut
kein Gleicher unter Gleichen
schon als Kind
mit kompromisslosem Mut
hieß er selbst den Kaiser weichen

furchtlos
gegen Freund und Feind
respektlos
gegenüber Ordnung und Hierarchie
war er
den Soldaten ein Vater
nein mehr
er liebte sie

Der Kaiser stützt sich
gegen
den Spiegel

Erst mit dem Feldherren konnte er sich
gegen die puppenartigen Hoflehrer behaupten
die den jungen Prinzen seltsam ängstigten
und ihm den Schlaf raubten
steif und unterwürfig haben sie die Etikette
bewahrt
Leblosigkeit in mechanisch-freundlicher Art

wenn ihr spöttisches Lächeln sie verraten hat
sie trugen ihre Brille wie ein Zepter der Macht
zogen mit dem Stoß Bücher unterm Arm in die
Schlacht
stolz auf ihr Wissen
auf ihr kleines Weltsegment
waren sie
weltfremd

eine hölzerne Verbeugung

voller Verachtung
für die unwissende Umgebung
und doch beugten sie ihr Knie
vor einem sieben- oder achtjährigen Knaben
vor ihrer eigenen Schizophrenie:
denn einerseits hatten sie Angst zu haben
vor des alten Tyrannen Launen
andererseits hatte man ihnen
die Autorität verliehen
seinen Sohn zu erziehen

ja sie waren gelehrt und wussten viel
auch die Regeln von diesem Spiel:
später kann es zwar
meist keiner mehr bezeugen
doch - wie jeder - wussten auch sie

das Recht ist leichter zu beugen
als das eigene Knie

Und so haben diese Gelehrten
einem Knaben die Kindheit genommen
doch mit dem neuen Spielgefährten
hat dann der Prinz Oberhand gewonnen

Wieder lächelt der alte Mann.
denn
des Feldherren furchtlose, schwarze Augen
hatten selbst den alten Kaiser
in Bann gezogen
er sprach überlegt und bestimmt
Vater wünschte dann und wann
der eigene Sohn
wäre, wie das fremde Findelkind

Man wusste nicht viel von ihm
und was man wusste
deutete wie es schien
nicht auf adeligen Stammbaum hin
doch diesem Mann gelang
das Reich vor allen Gefahren
zu bewahren

über sechzig Jahre lang
in jedem Waffengang

sein leiblicher Vater ließ sein Leben am Feld
von des Kaisers Soldaten grausam entstellt
und die Mutter nun Witwe brauchte Geld
ihr Kind zu kleiden
sich und den Knaben zu versorgen
doch der konnte die Gönner und Freier nicht
leiden
er hasste die Männer und ihre gierigen Augen

Der siegreiche Tyrann
ritt mit seinem Gefolge durchs unterjochte Land
als plötzlich ein Knabe in der Gasse stand
ihm den Weg versperrte
und vom Kaiser begehrte:
gib einen Vater mir
und Gott sei mit Dir

Der Kaiser hieß halten und stieg vom Pferd
ging langsam zum Knaben mit seinem Schwert
kein Mann, kein Graf
kein Narr am Hof
niemand sonst sprach so mit ihm
doch dieser Knabe schien Angst nicht zu
kennen

und wiederholte sein Begehr ruhig und
besonnen

„Wie kannst Du es wagen?
 - Du weißt wer ich bin?"

„Du?"
hörte er den Knaben sagen,
„Du bist der Kaiser, der Tyrann
lenkst Schlachten mit deinem Geschick
hast leider keinen Frieden im Sinn
aber bring mir meinen Vater zurück,
und du kannst weiterziehen"

Der Kaiser nickt er kann es verstehen

und bittet den Feldherren mitzugehen

hinaus da zu den versammelten Herren
um den Kerlen ihr Begehr zu verwehren
um erneut das Reich vor Zerfall zu bewahren

aufRegen

später mal
wolkendichter
tropfen fallen

klopfen
komponieren
trunkene sinnieren

reimen leere reime
ganz alleine

hoffnungslos begeistert
wer den boden nicht sieht
nach wolken sich streckt
- sie werden dichter

wie das manchmal so geschieht

schrift und fallensteller
trennen weizen von der spreu

dreschen phrasen

in märchengestalt
bei füchsen und hasen

dichterblätterwald

da und dort
sieht man schauer
aus dem Fenster
fallen
wolkendichter

literaten
leben

ohne sinn

tröpfelt

so
da
hin

erinnere mich

es gab eine Zeit
da haben wir endlos geliebt

aber dieser Tage
zu zweit
sind wir nur froh
dass es den anderen gibt

Wir waren
wie
für einander geboren

kamen uns nahe
kommen uns fern

wir berühren
wir sehen
und haben
uns
aus den Augen verloren

Nächte verschlafen
Tage vergehen

wird unser Kind
je verstehen?

zeitig zerbrochen

bin freundlich und verberge, fühle nichts als
Depression
hie und da ist es nicht weit
vom Kabarett zur Resignation

Du und ich
in einem Bruch der Zeit

strecke mich zur Decke, greife nach den
Sternen
denk', es ist nicht weit
vom Götternektar zum Dreck in den Gedärmen

Du und ich
in einem Bruch der Zeit

trinke und vergesse, Gedanken schmecken schal
vielleicht ist es nicht weit
vom Prinz zum Bettelmann manchmal

Du und ich
in einem Bruch der Zeit

wir überlegen und reden, wir werken und
streben,
Und es ist doch so wenig weit
Vom freudigen Ereignis hin zum Ableben

Du und ich
in einem Bruch der Zeit

Trennung

Du hast traurige Augen mein schaler Gemahl
und zitternde Hände, dein Antlitz ist fahl
Du warst lange aus, du wirkst benommen
ich hoffe du bist nicht zu gehen gekommen?!

Ich bin gekommen zu gehen, ich muss wieder
leben
wieder fühlen und schmecken, muss nehmen
und geben
Ich weiß wir würden uns wieder verletzen
uns jeweils blockieren und in Pflichten
verhetzen

Ja du hetzt uns zu Ende, wir sind Eltern mit
Kind
wir sind Familie, sag bist du denn blind?
Woher sind diese plötzlichen Zweifel...?
Du liebst eine andere?! So geh doch zum Teufel

Ich liebe und lebe und will wieder sein
kein Vegetieren auf Probe mit Heiligenschein
Wir sind Familie - wie schön das zu sagen
und ich opferte mein Leben, doch dafür muss
ich's erst haben...

Ja aber ist das ein Leben, nicht erwachsen zu
werden
und die zerbrechliche Seele vom Kind zu
gefährden?
Ist das ein Leben, dieses Zigeunern und
Wandern
diese stete Flucht von dem einen zum anderen?

Dieser Streit macht mich traurig, was bleibt uns
denn noch?
pass auf auf die Kleine, das bitte ich dich
Ich war lange aus und fühl mich benommen
ich bin jetzt zurück zu gehen gekommen

vergeben

nun sitze ich da
 – allein
ich hab Dich vergeben
um wieder zu sein

verhandle
ein neues Leben
verhandle Besuchszeiten

Du schickst zum Abschied einen Kuss
- den Vater zu geleiten
wenn er gehen soll und muss

die Welt ist mir zerbrochen
in Freiheit und in Schmerz
ich vermiss Dein helles Lachen

bin nicht müde, bin nicht wach
bleibe nicht hier, gehe nicht weg
bin alt oder jung, vielleicht beides zugleich
ein dichtender Narr.
Nichts hat mehr Sinn und Zweck

Nun sitze ich da
– besorgt
Was kann ich Dir geben?

...wenn Du willst
- es ist zwar nur geborgt -
dann gebe ich Dir mein Leben

I am

a-waiting for reality each day since I am free

when life's a fake and love is true
I dance without shoe
I smile without face
being white without race
(world 's a busy place)

I am a-waiting for a dream, for the final
sunbeam

when dream is a cake and love is a steak
I am just fed up
by mistake
I think without brain
I am dry in the rain
(slightly insane)

but feeling easy and good
misunderstood

vom Sturm im Wasserglas

ich lache in die Zukunft
weine in Vergangenheit

und das Jetzt verschwimmt

Eiswürfel im Wasserglas
bersten und zerspringen
sie schmelzen
in die Wirklichkeit
ohne Opfer zu erbringen

sie ändern nur die Form
sie bleiben und sie sind

beweg dich
schneller durch die Luft
dann weht ein starker Wind

sie sagen: du kannst nicht immer tun
und lassen was du willst
doch ich denk
einmal kommt der Punkt
wo ein Eiswürfel schmilzt

Ein Schmerz hat mich geboren
ein Schmerz trägt mich zu Grabe

Zeiten waren
wunderschön
die ich verloren habe

verschmelze mit der Nacht
durchwacht von tausend Fragen
wie soll ich in Konfusion
das Doppelspiel
ertragen?

ich lache in die Zukunft
weine in Vergangenheit
und das Jetzt
verschwimmt
in Ewigkeit

ich bin müde

gähne
versuche die Augen zu öffnen
versuche zu schauen
die Kirche dort im kleinen Ort
die Kapelle da auf freiem Feld
versuche bewusst
nicht schlafen zu können

Wiegenmusik des Nachtzugs
rüttelt mich der Stadt zu

ich bin müde

fühl mich in der Welt
zeitunglesender Mitreisender
in der Tat und in der Lage
wie ein Zuchthäusler

aber wer ist schon frei?
Nur,
die sperren dich gleich ein
niemand lässt dich einfach sein

Du stehst und bleibst stehen.
Du setzt dich und bleibst sitzen.
Du legst dich und bleibst liegen.

dann steigen sie dir drauf
und legen sich drauf
und so stapeln sich Leichen
bis du nicht mehr atmen kannst

ich bin es müde

und so schnell
bist du
verloren

bin das ich?

eine Kapelle
eine Kirche
eine Kapelle
eine Kirche
eine Kapelle
eine Kirche

dort die Kathedrale

leere Hallen
endlich der Bahnhof

müde

das bin ich

la uniqa

Ein bleicher Tourist der sich im Tanga gefällt
während sein Hund am Strand aufgeregt bellt
keiner hört das kleine Kind
wie es weint
und wie es am Sand ganz allein zu sein scheint

Stundenlang steht Johannes im Meer
tauft und redet klug daher

Die Felsen stünden hier seit ewiger Zeit
das Meer wäre hier seit Ewigkeit weit
Jesus und Johannes
mittlerweile zu zweit
erzählen von Unendlichkeit

Stundenlang stehen die beiden im Meer
predigen und reden
es fällt beiden nicht schwer

Und das Kind ertrinkt in den sanften Wellen
nun erst hört Jesus die Hunde bellen
Der kleine Körper treibt im Meer
mein Gott
– er gibt ihn nicht mehr her

Die Mutter verzweifelt, der Vater trauert

Und der Sonnenanbeter am Strand bedauert
dass im Meer so mancher Haifisch lauert

Der Haifisch aber ist satt
genauer:

Stundenlang braucht er nichts mehr,
so durchkreuzt er jetzt friedlich das Meer.

Johannes tauft und Jesus hört Stimmen:
Gott wird das Kind
zu sich nehmen

Wegzoll

Ich gehe oder stehe
und ich sehe den Morast
Ich trinke und ich denke
und ich schenk mir eure Hast

In betonierten Tälern
rollt der Stahl an mir vorbei
hoch oben auf den Höhen
hängt der Himmel voller Blei

In den Wiesen liegen Seuchen
an den Bäumen hängt der Tod
forscher Geist will weiter suchen
endlich Bildung täte not

was ist es,
das ihr wissen wollt?
wofür die Kugel fliegt und rollt?

Ihr schändet meine Träume
vergiftet sie mit Blei
vor dem Fenster ziehen Leichen
wie ein Film an mir vorbei

Ich ging und bin vergangen
Und erging mich im Morast

Er-trank
und hat getrunken
Und die Zeilen hier verfasst

ermuntern

Scheinwerfer der Straßenbahn, wie Nordlichter
im Dunst
nehmen Stück für Stück die Nacht in Bann
wie der Dichter Kunst das Leben

Ein Poltern auf den Schienen der Haltestelle zu
Wartehäuschen beben, zerstört die Morgenruh
wie ein monotones Lied

ein alter Mann
ein Pfeifen und ein Dröhnen
ein Bremsen und ein Stöhnen

halt ein! Störenfried

Der alte Mann war unachtsam
oder voller Überdruss, sah Lichter im Regen
auf einmal war Schluss

Dann hat er da gelegen auf morgendlichen
Wegen...
gemieden

Mann ohne Frieden

erzählt von Sorgen und von Not
wenig Geld, hartem Brot

erzählt von Schienen, von Asphalt
erzählt von Dienen und Gewalt.

Jemand hilft,
stillt das Blut
und doch er-stirbt
sein Lebensmut

manche

bauen Haus und Schloss
arrogant und hoch zu Ross
lesen aus Büchern die Welt wäre rund
ich bin nur ein Vagabund

manche suchen ihr Glück im Spiel
suchen nach Liebe, nach großem Gefühl
manche stehlen ihrem Gott den Tag
glauben es ginge nur ständig bergab
manche fressen sich blöd und rund
ich bin nur ein Vagabund

manche trinken, um sich nicht zu erinnern
oder um ihren Schmerz zu verringern
manche brauchen dafür einen Grund
ich bin nur ein Vagabund

manche warten ihr Leben lang auf den Tod
weinen bei jedem Abendrot
manche wieder werden stumpf, werden kalt und
kälter
und ihr Körper wird zum Müllbehälter
sie wissen aus Büchern die Welt wäre rund
ich bin nur ein Vagabund

ich bin ein Vagabund
Schlimmeres soll mir nicht passieren
denn ich hab wenigstens
ein Leben zu verlieren

Medienspektakel

Er berichtet im Fernsehen
und thront auf seinem Sessel
Es gibt viele, die ihn gern sehen
jeder spricht von dem Esel

Er lächelt vom front-cover
potent und gesund
Er ist ein latin lover
und ein gerissener Hund

Sie ist aufreizend schön
eine geschminkte Fratze
Mann will sie nackt sehen
die gepuderte Katze

Er regiert noch die Welt
wenn er schon nicht mehr steht
Er ist ein Gockel mit Geld
um den kein Hahn mehr kräht.

Und dann wird es finster
Warum haben sie mich gefunden?
Sie erbrechen durchs Fenster
Bremer Stadtmusikanten

Zielsegment

Beate Uhse mach uns blind
wir sind Väter ohne Kind
wir sind Nägel ohne Köpfe
wir sind Gretchen ohne Zöpfe
He - wir sind wir und ihr seid ihr
Komm Wirtin bring uns noch ein Bier

Zeigt uns den nächsten Frauenschoss
Zeigt uns den nächsten Grammel-Kloß
Zeigt uns das nächste Mondgeschoß
Oder bloß
ein Millionenlos

Beate Uhse mach uns wild
wir lesen Zeitung, jede(s) Bild
wir lesen und wir diskutieren
wir wurzeln flach und onanieren
He - wir sind wir und ihr seid ihr
Komm Wirtin bring uns noch ein Bier

Zeigt uns die Viagra-Pillen
Zeigt uns eure Luxusvillen
Zeigt den Papst beim Würstchengrillen
oder mit eisernem Willen
beim Stillen?

Beate Uhse mach uns schön
vor und nach dem Schlafengehen
in dieser Welt kann nichts passieren
dass wir die Lust am Sex verlieren

denn Hungersnöte, Waffengänge
sind Ausburt sexueller Zwänge

du und ich

und ich und du
spielen immer blinde Kuh

gedämpftes Aufbegehren
ein Murmeln, das verebbt
ein König mit den Silbersporen
der vor Erregung bebt
in erwartungsvollen Hallen

wenn Schweigen entsteht
unter den Vasallen

der Adel im Hochstand kleidet
eine Heilige vor-trefflich in Brokat
während die Dirne vor dem Hochaltar
vermaidet und Haltung bewahrt

sprich nicht davon, bleib stumm
Raubritter im Delirium
sag
Bettler im Epizentrum
ein Gebet
denn Anarchist, Verrückter und Poet
sind gottgewollte Trinität

ein Gedanke der oft naheliegt
wenn Armageddon aufflammt
und am Tag des Zorn
ist ein Kinderlachen geboren
ich und du... und die blinde Kuh

Der Wahnsinnige stiehlt Lebenslügen
Zwerg trollt sich in sein Puppenhaus
nichts Neues hüben wie drüben
Clown purzelt durch das Zirkuszelt:
Applaus, Applaus, Applaus, Applaus

Und jetzt hinter der Raubkatze her
doch der weise Dompteur
fehlt – Menschenfresser!?
gegeißelt wird ein Dickhäuter

später wird im Trommelwirbel ein Zuschauer
gehängt

„Attraktion, große Attraktion",
schreit der König und bedrängt
vergeht sich an heiliger Jungfräulichkeit

Die Sünderin verdirbt den Anarchisten
er wird von Dichtern gebenedeit

Da bekreuzigt sich der Henker, der
Weltenlenker:
fortan hat er ein Kreuz zu tragen
Der Wahnsinnige hat sie vernascht,
das liegt ihm schwer im Magen

Und auch Nikolaus und Weihnachtsmann
kotzen plötzlich Schokohasen
Mein Zwerg hat den Kindern Gutes getan,
sagt der König ganz gelassen

Er hat ein mitfühlendes Herz und der Clown ist
sein Freund
Der Tod ist ein Bruder
der nächtens oft weint

Die Kapelle spielt einen Tusch.
Die Kirche verhält sich ruhig.

Plebejer fordern Spiele und Brot
(schon wieder diese Standes-Not)
der Herrscher nimmt sich die Dirne zur Brust:

ich spüre im Hirn eine plötzliche Lust
also quäl mich nicht, ich bin es jetzt müde!

Und schwere Choräle durchdringen den Traum
und tänzelnde Pferde, verschüchtert und prüde
traben im Schlaf durch den endlosen Raum

Und Pfaffe senkt in Demut sein Haupt
Deus vobiscum, was gefällt ist erlaubt
er fällt auf die Knie, erster Diener im Staat
In pacem requiescat
Ruhe in Frieden
Ruhe nicht gleich
Ruhe - verschieden

Clown erweckt ein Kinderlachen
aber der König
lächelt nur wenig
den Spaß
wollte er
sich machen

Vater Staat

Gesetze
schaffen
Moralisten
behüten
Polizisten

gute Bürger sollen wir sein
wie alles andere nur zum Schein

und scheinbar wird gut formuliert
was sich als Recht dann etabliert

doch das Ende eine Strafsache
ist oft verdreht-verbogene Muttersprache

ein kompliziertes Rechtssystem
schützt den,
der die Schwachstellen kennt
und dient

der Unterdrückung

verselbständigende Paragraphen schaffen
nur
brave Sklaven

9/11

I heard: God may bless America
On the 11th of September
I can't forget the shock and panic,
I always will remember
The strike against humanity
Against all nations that are free
I face the graveyard in New York
Bless God it's not for me

Oh God may bless America
They will find the guilty man
He might be in Arabia
Or somewhere in Afghanistan
And CNN says: we will see
The next attack there could be
Chemical terror or bacteria
May God bless America

Oh God may bless America
And the victims of that place
They say a killer is a murderer
No matter of the race
Defending fastfood-nation
US soldiers go to war
Whisper while they fight
God bless America

Oh God may bless America
What are they fighting for
They stepped out of Vietnam
Right into Cubas door
They marched back from panama
Straight to Somalia
I hear voices down in New York
Whisper: Bless America

Ewige Weihnacht

Kommet ihr Hirten, ihr Penner, ihr Sandler und
Säufer
denn das Ende naht
Vorbei ist das Frieren
das Betteln und Schmarotzen im Staat

Kommet ihr Hirten, ihr Huren und Dirnen
der Tod ruft: Jedermann
euer Gewerbe war alt, doch schmutzig
und schmutzig war so mancher Mann

Kommet ihr Hirten, ihr Schwulen und Lesben
eure Zeit ist aus
ihr seid krank, doch in Bälde
schon eurer Zeit voraus

Kommet ihr Hirten, ihr Juden, ihr Roma und
Sinti
wir geben euch was zu tun
wir liefern euch nach Dachau
und bringen euch um

Kommet ihr Viecher, ihr Männer und Frauen
kommet das vierte Reich zu schauen

(oder) hört die Signale der Idioten
der deutsche Schäfer naht
erneut
auf leisen Pfoten.

Wanderlied

Und wir wandern durch das Land,
mit den Kindern an der Hand
unser Ruf ist altbekannt

Und es kommt ein Mann daher,
schreitet wie beim Militär
und macht uns das Leben schwer

Beendet euer Wanderleben
lasst euch eine Heimat geben
tönen alte leere Reden

Und wir denken, was sollen wir denken,
wollen wir doch niemand kränken
Und wir sagen, was sollen wir sagen,
wir leben lieber auf dem Wagen

Und wir lagern auf der Wiese,
bald besucht von Expertise
die Verwaltung ist ein Riese

Und so kommt ein Mann daher,
schreitet wie beim Militär
und macht uns das Leben schwer

Diese Wiese ist ein Biotop
und nicht da für euch gottlob
also geht sonst werd' ich grob

Und wir denken, was sollen wir denken,
wollen wir doch niemand kränken
Und wir sagen, was sollen wir sagen,
dieser Mann will uns verjagen

Und wir lagern auf der Weide,
denn wir brauchen kurze Bleibe
doch die Freude schnell zur Neige

Denn es kommt ein Mann daher,
schreitet wie beim Militär
und macht uns das Leben schwer

Diese Wiesen das sind Felder
für unsere Kühe unsere Kälber
geht zurück in eure Wälder

Und wir denken, was sollen wir denken,
wollen wir doch niemand kränken
Und wir sagen, was sollen wir sagen,
dieser Mann will uns verjagen

Und wir lagern in dem Wald,
Juana ist es bitterkalt
und es wird schon dunkel bald

Und da kommt ein Mann daher,
schreitet wie beim Militär
und macht uns das Leben schwer

Das ist forstlich Sperrgebiet
wie man auf den Schildern sieht
es ist das gleiche alte Lied

Und wir denken, was sollen wir denken,
wollen wir doch niemand kränken
Und wir sagen, was sollen wir sagen,
dieser Mann will uns verjagen

Und wir wandern durch das Land,
am gesellschaftlichen Rand
unser Ruf ist altbekannt

Und da kommt ein Mann daher,
schreitet wie beim Militär
und macht uns das Leben schwer

Ihr wollt und wollt nicht sesshaft werden
und ihr stehlt uns unsere Herden
„Zigeuner – sollt vertrieben werden"

Und wir denken, was sollen wir denken
wollen wir doch niemand kränken

Und wir sagen, was sollen wir sagen
niemand hört Zigeuner klagen

Papier (von Sevilla:)

Papierkrieger sind – nein, nicht was man denkt,
die kriegen Papier oft nicht mal geschenkt!

Dürfen Kopierer intonieren
während Faxe knattern
und keine Zeit verlieren
während Frankierer knattern

Sie kämpfen mit Viren, die Rechner infizieren
und martern
während diese den Druckauftrag stottern

Und inmitten ein Feldherr – nein, nicht wie man
denkt,
hat wichtige Zettel an die Pin-Wand gehängt

Und während die Papierschlange sich ringelt
treten hohe Viecher zu Tage
und während der Postbote klingelt
erhebt Reißwolf Klage

Amtsschimmel hat die Geräte umzingelt
mit Adlerauge
durchsucht er Dateien nach Würmern gerade

Papierkrieger sind – nein, nicht was man denkt,
oftmals Dompteure von Raubtieren umdrängt

Sie füttern Frankierer,
machen sich per Fax verrückt
sie intonieren Kopierer
während ihre Zeit vertickt

Und sie fristen ihr Dasein, es ist wie gedacht
ein Krieg auf Befehl, eine blutige Schlacht.

pflichtbewusst

was das ist, ich weiß es nicht, ich hab so meine
Tage
angenehm ist so was nicht, das steht außer
Frage
eng wird es oft, dunkel, und alles wird mir
schwer
plötzlich ist die Arbeit dumm, die Welt wird öd
und leer
Kollegen sind dann blöd und dreist und schlecht
gelaunt dazu
und irgendwas passiert dann meist, geschehen
ist's im Nu
Ein Fass läuft über, ein Hebel bricht, vielleicht
ein Kabelbrand
der Kopf ist müde, die Nase juckt und es zittert
mir die Hand
eilig wäre dies und das und würde gestern
schon gebraucht
doch Gestern ist heut längst Geschichte, ist
vorbei und ist verraucht.

Gestern und der Tag davor, das waren solche
Tage
da wird mit einem Schlag, ein jedes Lob zur
Klage

da passieren dann so Dinge, die ich nicht und
nicht ertrage
ein schiefer Blick, ein falsches Wort, ich mag
euch alle nicht
und gegen die Scheiben trommelt Regen, kein
Sonnenschein in Sicht
am Kasten drüben kleben Poster, von
splitternackten Frauen
ein paar davon sind gar nicht schön und mich
packt nacktes Grauen

Gestern und der Tag davor, das waren solche
Tage
Da denke ich nach und denke nach und stelle
mir die Frage
Was wird nach der Zeit hier sein, wohin werde
ich gehen?
Fabrikarbeit auf Dauer? Nein. Und jeder wird's
verstehen...
Ich will nicht mit den Monstern werken, mit
blechernen Idioten
Die brummen laut und brummen stets, nach
immer gleichen Noten
Die stampfen schwer, die dröhnen, die stöhnen
und die schnauben
Produktion ist Religion, und Technik heißt ihr
Glaube

Gestern und der Tag davor, das waren solche
Tage
an denen ich die Zuversicht mit schlechter
Laune plage
und nörgle hier und schimpfe dort, bis in den
späten Abend
selbst im Traum geht das so fort, in
düstergrauen Farben
verderbe mir die schönste Zeit, ich fühle mich
bedrängt
vergessen von der Freiheit, von Pflichten
eingezwängt

Gestern und der Tag davor, das waren solche
Tage
da liegt vor mir mein ganzes Leben
schwerkrank auf der Bahre.

Ruhe am See

Im Schilf paddeln Enten
ein paar Seerosen blühen
und der Herbst hat längst
dem Sommer verziehen

Und am Steg sitzt ein Falter
kein kreischender Lärm
keine streitenden Eltern
keine Kinder die plärren

Sich verfärbende Birken
am Ufer ganz still
ein Augenblick Friede
nicht genug doch sehr viel

Und das Wasser ist klar
und wie ein Spiegel so glatt
vergessen der Sommer
der es aufgewühlt hat

Ruhe
am Strand

ruhe rundum
Touristenland

Der Winter wird kommen
der Frühling erwachen
und wieder werden Gäste
sich sonnen und lachen

abend rot wein

vermisse Deine Nähe

Deine Hände
Deine Augen

vermisse
Zärtlichkeit und Gottvertrauen

Ich brauche wieder Glut
nicht nur schalen Rauch
Brauche wieder Mut
statt dem Wohlstandsbauch

Wolken ziehen am Himmel
wie ein zerschlissenes Kleid
Mondschein blutet durchs Gewebe
wie durch Türen aus der Ewigkeit

nachtumhüllte Einsamkeit
ich sitze und ich denke
Die Nacht gibt mir Gelegenheit
ich sitze und ich trinke

Ich brauche wieder Glut
nicht nur schalen Rauch

brauche wieder Mut
statt dem Wohlstandsbauch

Licht ins Dunkel

Weihnachtslieder
wie durch Glas

seelenlos und leer

unbedacht
einfach

unerträglich schwer

Ist da jemand?
Ist da wer?

Weihnachtslieder
wie durch Glas
kaum vernehmbar

weit entfernt

Kerzen flackern
Flammen leuchten

Wo ist ein Licht das
mich
jetzt wärmt?

deine Augen

wie Morgenlicht

das nebelschwere Grau
durchbricht
und reflektiert im Tau
bist du

die Fabelfrau

Geburt einer Liebe

kann das Gefühl nur schlecht beschreiben
versuche zu denken, gelingen tut's nicht

kann mir dich nicht einverleiben
auch wenn alles dafür spricht

Du
kamst unversehens aus der Nacht
hast mich im Dunkel gefunden

und hast mir für die dunkelsten Stunden
ein flackerndes Licht des Lebens gebracht

cool bleiben

Ich
mein es doch nur gut
Du
sollst es einmal besser haben

(Pflicht ist etwas das man tut
ohne „immer" nachzufragen)

Jeder weiß was es heißt
wenn man
nur für die Kinder
in den sauren Apfel beißt

enthalten
ja
verhalten
klar

man wuchs heran
und wird – nach Sturm und Drang –
genauso prüde
genauso verklemmt
genauso müde

So hat man die Kinder

zu erziehen
zu lenken
ihnen möglichst bald
die eigne Meinung zu schenken

bis die eigenen Blagen auch fluchen
wenn sie eigene Wege suchen

erzogen und gelenkt

eigene Meinung
geschenkt

bis so ah

Industrie ist gekommen
mit hellen Neonsonnen

erleuchtet erstickt

Regen ist gekommen
gesammelt in Tonnen

praktisch geschickt

Menschen kommen
sprechen voreingenommen

Gewissen bedrückt

Nun
mein Kind

Piss beglückt

TVaust

Was spielen die heute im Fernsehen
in den Nachrichten wieder mal Krieg?
Liegt irgendein Star in den Wehen,
oder völlig entblättert am Steg?

Ein Talk mit einem Junkie am Bahnhof.
Eine Taube gurrt lautstark daher.
Aber einer daneben grinst zahnlos:
Seit Jahrzehnten schon höre er schwer

Diskutanten gelangweilt am Sofa
zappen genervt hin und her…
Hohe Wellen zerbersten am Ufer,
Schmugglerboote weit draußen am Meer.

Danach ein Film mit Bruce Willies,
die Augen tun vor Müdigkeit weh.
Keine Ahnung was diesmal sein Ziel ist,
Bruce Willies liegt blutend im Schnee.

Ein Schiff zerschellt an dem Felsen,
wo die Möwen verkleben im Teer.
Im Fernsehzimmer sind Gelsen.
Verdammt - wo ist das Gewehr?

Nur einer erreicht noch den Hafen,
chips und popcorn werden verzehrt,
so kann man träumen ohne zu schlafen,
Bruce Willies scheint etwas versehrt

Irgendwann weicht die Ebbe der Flut
und tropft aus dem Bildschirm herein.
Kurz später mischt seltsame Wut
uns Tränen mit blutrotem Wein.

Ein Schulmädchen mit offener Bluse
rudert im nächsten Kanal,
schon nach Sekunden verliert sie die Hose
das Programm wird nun genital.

Was spielen die heute im Fernsehen
in den Nachrichten wieder mal Krieg?
Liegt irgendein Star in den Wehen,
oder völlig entblättert am Steg?

Nachwort

Sie werden sagen und klagen
der Typ hat gedichtet
doch er hatte nicht recht
er hat nur gerichtet

Sie werden merken, sich bestärken
er war kein Schöngeist
der Mann war nicht witzig
er war einfach nur dreist

Sie werden zechen und sprechen
der Strolch legte den Brand
kein Wunder, dass er
den Feuertod fand

Doch es gibt Gönner und Kenner
und sie werden es lesen
und mancher aus Trotz
wird geistig genesen

Roland Reitmair,

Der in Böckstein / Salzburg aufgewachsene Autor absolvierte nach Reifeprüfung, Kolleg und einer Lehre als Keramiker die Ausbildung zum AMS-Berater. Seit 2004 lebt er fest verwurzelt in unmittelbarer Nähe zum Nationalpark Kalkalpen.

Mit 16 Jahren – geprägt durch Bob Dylan und Wolf Biermann – unternahm er seine ersten lyrischen Gehversuche.
In zahlreichen Veröffentlichungen, zuletzt dem Roman Innergebirg, hat er seinen so eigenwilligen wie unverwechselbaren Schreibstil entwickelt.

www.schreiberlink.at

Bisherige Veröffentlichungen:

„**friedvoll deutsch**", ISBN: 978-3-7427-8877-1,
Geschichte(n)buch, neobooks, 2017

„**Servus in Bhutan**", ISBN: 978-3-8476-6648-6,
Reisebericht, neobooks 2017

„**Virtueller Terror**", Satire, ISBN: 978-3-8476-
6654-7, neobooks, 2015

„**Innergebirg**", ISBN: 978-3222134128, Roman,
Verlag styriabooks 2013

„**Jede Arbeit macht Spaß**", ISBN: 978-3-854-
8530-22, storys aus der Arbeitswelt, Molden, 2012

„**Splitternacht**", ISBN: 978-3-8476-8768-9,
Roman, JBL Literaturverlag 2010

„**von einem der einzog Wels zu erfahren**", Welser
Anthologie 2005

„**Heimkehr**", ISBN 3-200-00228-X, Roman,
Eigenverlag 2004

Sowie zahlreiche Übersetzungen (Schwerpunkt Bob
Dylan) und eigene Liedertexte.